De Eerste Kinderjaren van Jezus

De Heilige Familie in Egypte

Elham Khalil

Based on the documentary film
"Tussen Twee Dromen"
"Between Two Dreams"
written and produced by
Elham Khalil
for
The Coptic Museum
Ruinerwold
The Netherlands

1

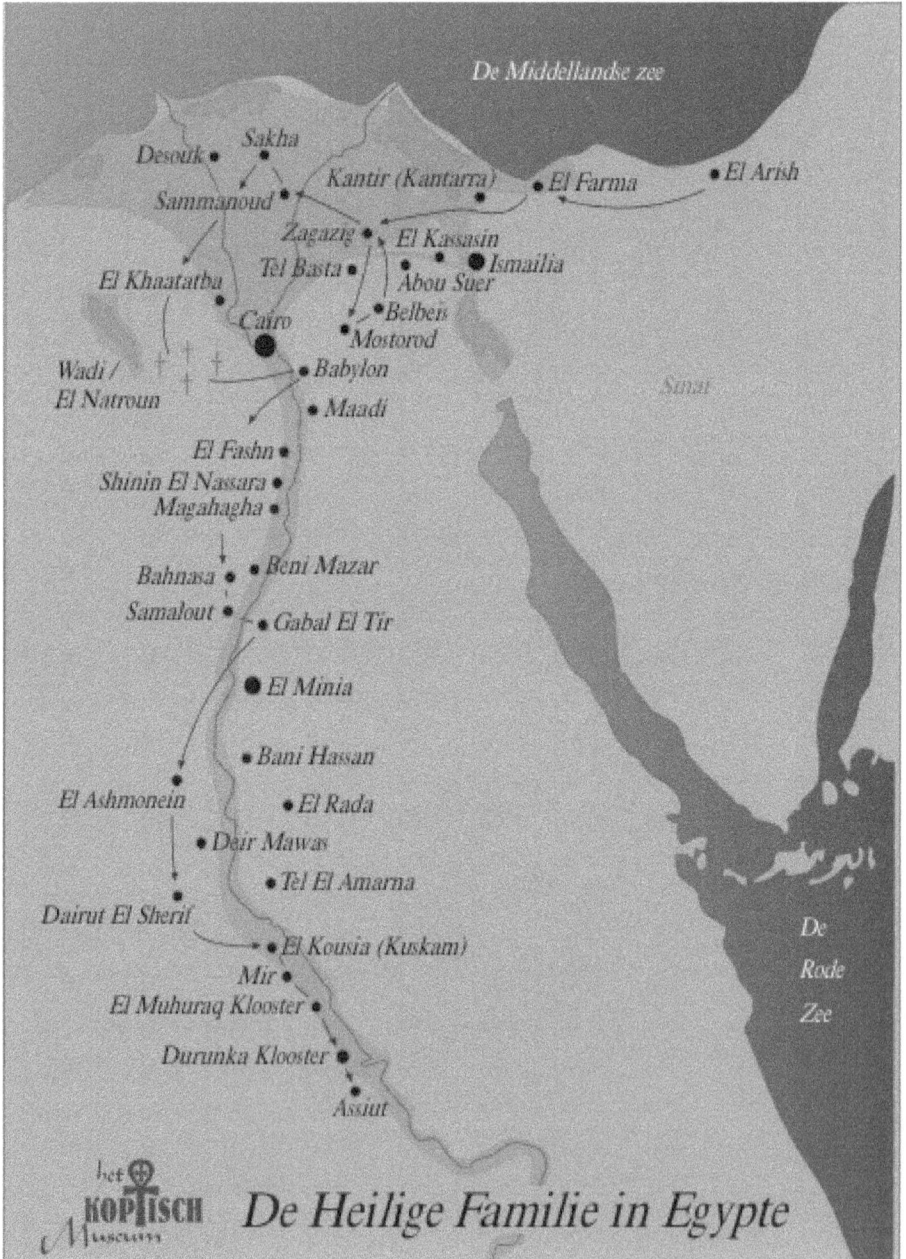

De Middellandse zee

Desoûk •
Sakha •
Kantir (Kantarra)
• El Farma
• El Arish

Sammanoud •
Zagazig •
El Kassasin
El Khaatatba •
Tel Basta •
Abou Suer
• Ismailia

Cairo •
• Belbeis
• Mostorod

Wadi /
El Natroun
• Babylon
Sinaï

• Maadi

El Fashn •
Shinin El Nassara •
Magahagha •

Bahnasa •
• Beni Mazar
Samalout •
• Gabal El Tir

• El Minia

• Bani Hassan

El Ashmonein •
• El Rada

• Deir Mawas

Dairut El Sherif
• Tel El Amarna

• El Kousia (Kuskam)
Mir •
El Muhuraq Klooster •

Durunka Klooster •

Assiut

De
Rode
Zee

het KOPTISCH Museum

De Heilige Familie in Egypte

To Asyut
my birthplace
and childhood city

To the five thousand year old city, the last city reached by the Holy Family where they stayed north and south of it.

The capital of the Thirteenth Nome of Upper Egypt around 3100 BC, the city of martyrs and saints since the third century.

To the modern and the university city of today with half million people and highest percentage of Christians in Upper Egypt.

www.copticmuseumonline.com
www.copticmuseum.nl
www.elhamkhalil.com
elhamkhalil3@gmail.com

Elham Khalil was born in 1947, Asyut, Egypt, and lives since 1970 in the Netherlands.

She studied English language and literature at Cairo University and got her Dorctoral degree in Anglo-Irish Drama from Amsterdam University in 1976. Obtained her PhD Social Sciences and International Communication from Amsterdam University in 1983.

Worked for years as senior broadcaster, programme producer, newsreader and reporter for the Dutch Foreign Broadcasting in Hilversum.

Lived on and managed the family farm in the Dutch Veluwe countryside between 1978 and 2010.

Established and ran the Coptic Museum in Ruinerwold, between 2000 and 2006.

Attended drama writing courses at Exeter College, Oxford University between 2004 and 2006.

Her love for the Coptic Church, communication, specially radio and television, and stage started in her teens and she never stopped writing since then.

Elham Khalil has two daughters.

Elhamkhalil.com

Copticmuseumonline.com

Also by Elham Khalil

Plays
Ash Wednesday, Stealing The Sea
One Walking Wounded, The Foyer Bell
Wrinkles, The Missing Member
One Free Ticket, Smell In My Brain
Loosing My Face, The Womb
Coma Beach, Adoption Plan
Till Death Do Us Part
Historic Plays
Coptos
Short stories
Children Of The Mind
The Coin
The Third Child
Christian writings
I.Nspriation
My Bible
Sayings
De Koptische Kerk: Vraag en Antwoord (Dutch)
"The Coptic Church: Question And Answer"
Media and Communication:
The Arab Satellite and The Flow of Information in The
Arab World

Introduction

The story of the Holy Family in Egypt captures my imagination since my early childhood for two main reasons.

The first we see and hear about it daily; refugees.
There is at the moment more than 45 million refugees around the world, half of them are children.
We do not have to guess under what circumstances the Holy Family did travel.
Not only did Jesus as toddler took his first steps on Egyptian soil, blessing this land, but also he spent the first four years of his life travelling from one place to the other as refugee. The Holy Family had only what they can carry in hand or on the back of a donkey and spoke neither Egyptian nor Greek.

The second reason is that I was born in Asyut and spent my childhood in this ancient city of some 5000 years of history. And Asyut was the last city the Holy Family reached in their travelling along the Nile.
My father took us twice a year to "go up to visit The Virgin". It was often in an early cold morning that we used to start climbing up on foot Dronka Mountain, to the Holy Virgin Mary Convent, some ten kilometres north of Asyut. The road was not yet laid for cars in these years 1953-1957. Not that I saw The Virgin or even asked about

her at that time, but I was sure she was somewhere there on that mountain, or in the cave we used to walk in and wonder how did Jesus, Mary and Joseph live in that big cave.

And again once or twice a year we used to go to El Muharraq Monastery, the name means The Burnt, not that I saw any thing burnt out there but I was told that we are going to visit Jesus and see where He sat on that rock that became the altar of the monastery.

El Muharrq Monastery was the last place the Holy Family stayed in for six months and ten days. It lies some 57 kilometres south of Asyut. Called by many *The Second Bethlehem.*

The two locations of the Holy Family stay, north and south of Asyut, made the Holy Family very near to me as a child, I go and visit Jesus, and climb up to greet Maria, Jesus was our neighbour, we can reach with a car and even on foot, and that made the Christmas story at hands' reach.

I became aware that Jesus, not only was born poor in manger, but also he had to go travelling as a baby in his mothers' arms on a donkey in this vast land, for thousands of kilometres as a poor refugee.

Years later and gradually I came to realise how privileged are we in Egypt to live in the places Jesus passed and stayed in.

The whole of Egypt has become a pilgrimage site.

That is why we, the Copts, cherish every place The Holy Family blessed during their travelling.

And not to forget that miracles keep occurring in Egypt in many places specially the ones the Holy Family Stayed in and with some special appearances of the Virgin Mary in Dronka convent.

I was blessed to experience and see the apparition of the Virgin Mary outside Church of Virgin Mary at Zaytoun in April 1968. Millions saw the blessed apparitions throughout a whole year.

This book is a detailed account of the four year journey of the Holy Family. It is the script of the documentary film I had the privilege to write and produce, "Between Two Dreams" for the Coptic Museum in Ruinerwold in The Netherlands.

The relevant pictures I took during my travelling are to be found on
www.copticmuseumonline.com

"...een Engel van de Heer verscheen in een droom aan Jozef en sprak: Sta op, neem het Kind en zijn moeder, vlucht naar Egypte en blijf daar tot ik u waarschuw; want Herodes zal het Kind zoeken om het te doden".
Mattheüs 2: 13.

Jozef stond op en week in de nacht met het Kind en zijn moeder naar Egypte uit. Daar bleef hij tot aan de dood van Herodes, opdat in vervulling zou gaan wat de Heer gesproken had door de profeet: "uit Egypte heb ik mijn zoon geroepen". Matteüs 2: 14&15.

"Nadat Herodes gestorven was, verscheen in Egypte een Engel van de Heer weer in een droom aan Jozef en zei: 'Sta op, neem het Kind en zijn moeder en ga naar het land Israël, want degenen die het Kind naar het leven stonden, zijn gestorven'. Jozef stond op, nam het Kind en zijn moeder en ging naar het land Israël."
Mattheüs 2: 19&21.

Velen kennen het verhaal van de vlucht van de Heilige Familie naar Egypte om aan koning Herodes te ontsnappen, die Jezus zocht om hem te doden. Herodes voelde zich door de drie Koningen bedrogen omdat deze niet terugkeerden om te zeggen waar het Kind Jezus was. Toen doodde hij en zijn soldaten alle kinderen in Bethlehem die twee jaar of jonger waren. Dit Bijbelverhaal omschrijft een gebeurtenis die een belangrijke rol heeft gespeeld in de lange geschiedenis van Egypte. Bewogen door de geest sprak de profeet Hosea Gods woorden: "uit Egypte heb ik mijn zoon geroepen." (Hosea 11:1). Hij voorspelde de vlucht uit Bethlehem, waar voor het Kind Jezus geen veilige plek was om zijn hoofd ter ruste te leggen en hij voorspelde daarmee de terugkeer van de Heilige ballingen uit Egypte, waar Jezus een plaats in de harten van de ongelovigen had gevonden.

Wat gebeurde er in Egypte met de Heilige Familie tussen de twee dromen van Jozef? Hoe verliep de reis van Jezus, zijn moeder Maria, Jozef, en Salome, de moeder van zonen van Zebedees, die met hen meegegaan was?

De hele reis van de Heilige Familie, vanaf hun vertrek uit Bethlehem tot hun terugkomst in Nazareth besloeg in totaal bijna vier jaar. De Heilige Familie heeft meer dan 2000 km afgelegd. Als transportmiddel hadden ze slechts een zwakke ezel en af en toe een zeilboot op de Nijl tot hun beschikking. Het merendeel van de reis gingen Maria met haar gezegende Kind, Jozef en Salome echter te voet. Ze moesten overdag de zomerse hitte en
'snachts de winterse kou doorstaan. Als opgejaagde ballingen leden ze honger en waren ze bang. Ondanks deze ellende doorstonden ze allen de reis met innerlijke vreugde want ze wisten dat ze moesten overleven ter wille van de mensheid.
De reacties van de Egyptische bevolking op de Heilige Familie verschilden per dorp en stad. Soms stortten tempels in als het Heilige Kind deze in zijn moeders armen passeerde, of vielen standbeelden van lokale goden spontaan neer. De mensen waren daarom bang voor hen en soms werd hen de toegang tot hun dorpen geweigerd. Wanneer anderzijds wonderen van genezing plaatsvonden, werd de Heilige Familie hartelijk welkom geheten. Ze kregen vaak hulp van dorpelingen.

De Egyptenaren waren er in hun lange geschiedenis aan gewend om hun tradities gedurende honderden of soms zelfs duizenden jaren te behouden. Zij deden precies hetzelfde met de verhalen over dit bijzondere bezoek. De verhalen werden in ere gehouden en van de ene op de andere generatie doorgegeven. Bijna 55 jaar na het bezoek van de Heilige Familie, toen de apostel Marcus naar Egypte kwam en in Alexandrië de Koptische Kerk vestigde, herinnerden veel mensen zich de wonderbaarlijke gebeurtenissen die tijdens het bezoek van de Heilige Familie hadden plaatsgevonden. Zij spraken nog steeds over de wonderen die gebeurt waren, zoals het omvallen van de beelden van de plaatselijke goden en het instorten van tempels in Tel Basta en andere steden. In veel plaatsen waar de Heilige Familie gastvrij was ontvangen werden kerken, genoemd naar de Maagd Maria, en kloosters gebouwd. Jesaja's profetie was vervuld:

" Zo zal de Heer zich aan Egypte openbaren. Op die dag zal Egypte de Heer kennen en Hem dienen met slacht- en meeloffers, zij zullen Hem geloften doen en die ook volbrengen." Jesaja 19:21.

100 jaar na het bezoek van de Heilige Familie aan Egypte, had vrijwel iedereen zich bekeerd tot het Christelijk geloof. Egypte werd de eerste Christelijke staat in de oude wereld, aangezien het Gods voorbeschikking was dat Egypte het toevluchtsoord zou zijn voor Hem, die de boodschap van vrede en liefde aan de mensheid bracht. In de eerste eeuwen zijn tijdens de strenge Romeinse vervolgingen bijna een miljoen Egyptische martelaren, in
hun ongekende verdediging van het Christelijk geloof, gestorven.

Een historische beschrijving van de reis

Naast de verhalen van diverse historici over de reis van de Heilige Familie door Egypte, is het verhaal van hun reis ook opgenomen in het boek De Wonderen van de Maagd Maria.

Dit boek is geschreven door Paus Theophilus, de 23st Paus van Alexandrië. Hij was Paus van 384 tot 412 AD. Na langdurige gebeden tot de Maagd Maria, waarin hij haar hulp vroeg bij het schrijven van het verhaal over de reis, zag hij haar in

een visioen. Dit gebeurde in de nacht van de 6^e dag van de Koptische maand Hatour, die gelijk is aan de maand november. De Maagd Maria vertelde hem het verhaal van de reis en de namen van de plaatsen die de Heilige Familie bezocht had. Ze vroeg hem het verhaal op te schrijven. Tegenwoordig zijn er drie exemplaren van Theophilus' boek: een bevindt zich in de bibliotheek van het Vaticaan, een in de Nationale Bibliotheek van Parijs en een in de bibliotheek van het Al-Mouharraq klooster in Egypte. Dit verhaal van Paus Theophilus, dat aan het eind van de 4^e eeuw geschreven werd, bevestigt de mondelinge overlevering van de bovennatuurlijke gebeurtenissen, die 400 jaar eerder hadden plaatsgevonden met de komst van het wonderbaarlijke Kind in de steden en dorpen van Egypte.

Egypte tijdens het bezoek van de Heilige Familie

Het Kind Jezus reisde door een Egypte dat beroemd was om zijn eigen beschaving, waar de Griekse beschaving een cultureel stempel had achtergelaten en waar de invloed van het Romeinse Rijk steeds meer toenam. Drie grote beschavingen uit de oudheid: de Egyptische, de Griekse en de Romeinse, leefden naast elkaar tijdens de laatste jaren van het heidendom. Het was meer dan 330 jaar geleden dat Alexander De Grote Alexandrië had gesticht. De stad stond bekend als Koningin van het Middellands zeegebied en ze was ca. 30 jaar eerder door de Romeinen in bezit genomen. Alexandrië had een eigen munt, burgerschap voor haar inwoners, en een eigen handels- en oorlogsvloot. De Heilige Familie was arm, buitenlands en sprak de Griekse of Egyptische taal niet. Ze waren anders gekleed dan de Egyptenaren en op de vlucht voor Herodes. Ze waren bang voor de grote steden, waar het bevel van de Romeinse autoriteiten om het Heilige Kind te arresteren misschien al ontvangen was. Redenen genoeg om de stad Alexandrië te mijden.

Egypte en het Oude Testament

De Heilige Familie vluchtte naar een land dat ook een belangrijke rol heeft gespeeld in de geschiedenis van het Oude Testament. Veel voorouders van Maria bezochten Egypte. Diverse voorouders zijn er geboren of zochten er hun toevlucht: Abraham, Sarah en Isaac; Jacob met zijn elf kinderen; Jozef; Mozes, A'Aron en hun zuster Miriam; de profeet Jeremiah en anderen. De afgelopen 2500 jaar aanbaden de meeste Egyptenaren, en hun priesters in het bijzonder, de verborgen god. De tempel bij Karnak werd voor deze god gebouwd. Ze geloofden dat de god in de ziel van elk mens huisde. De Egyptenaren geloofden in het laatste oordeel en in het leven na de dood. Zij geloofden tevens dat God een mens kon worden. Ze geloofden dat een maagd geboorte kon geven aan een god en kenden de vorm van drie goden in een godheid. Volgens Herodotus waren zij het meest religieuze volk op aarde. Ze zagen in Isis met haar kind Horus de ideale moeder. Veel

Egyptenaren zagen in Maria met haar Kind een levende Isis met Horus.

Van Bethlehem naar Faras en Beir Saabe

Toen de Heilige Familie Bethlehem verliet, vermeden ze de gangbare handelsroute. Ze waren op de vlucht en waren bang dat ze herkend zouden worden door kooplieden of soldaten die vaak op pad waren tussen Gaza en de grenzen van Egypte. Na 19 km lopen bereikten ze het plaatsje Faras. De poorten van Faras waren dicht. Jezus raakte de sloten van de deuren aan, waarop deze opengingen en de Heilige Familie verder kon reizen. Na 17 kilometer bereikten ze Hebron, of El-Khalil, waar ze kort stopten. Vervolgens liepen ze nog 48 km in oostelijke richting en kwamen aan bij Bir Saabe. Jezus vroeg Jozef een gat in de grond te graven. Daarop stroomde er vers water en konden ze hun watervoorraad aanvullen.

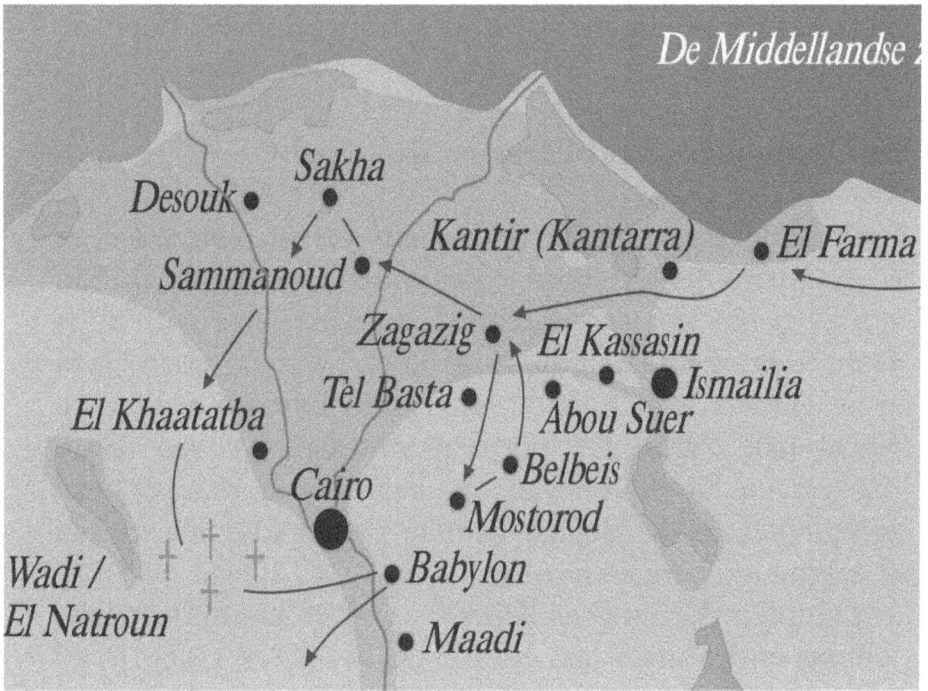

De Middellandse

Desouk •
Sakha •
Sammanoud •
Kantir (Kantarra) •
El Farma •
Zagazig •
El Kassasin
Tel Basta •
Abou Suer
Ismailia •
El Khaatatba •
Cairo
Belbeis •
Mostorod •
Wadi /
El Natroun
Babylon •
Maadi •

In Gaza en Khan Younis

Na een reis van 43 km bereikten ze Gaza en van hieruit volgden ze de gebruikelijke handelsroute naar Egypte, een weg die langs de kust van de Middellandse zee liep. Deze weg bestaat nog steeds. Ze reisden door het gebied van El-Zaraniq en Khan Younis en kwamen uiteindelijk aan in Rafah. Hier werden ze gastvrij ontvangen in een herberg en zegende Jezus de plaats waar later een kerk werd gesticht. De stad was gedurende honderden jaren de zetel van het bisdom voor het gebied. Na een korte reis bereikten ze de stad Rhinocolura, het huidige El Arish. Hier werden criminelen en mensen die van hoogverraad waren beschuldigd gevangen gezet. El Arish, dat nog altijd zijn mooie palmstranden heeft, is tegenwoordig een bloeiende kustplaats. De Heilige Familie reisde verder naar El Farama, 25 km ten oosten van Port Said, de beroemde haven van Pelusium en hoofdstad van de provincie Augustaminca. Ze werden hier gastvrij ontvangen en verbleven hier vervolgens enkele dagen. Het Kind Jezus zegende het gebied. In de vierde en vijfde eeuw zijn hier talloze kerken en kloosters gebouwd. In de zevende eeuw werd de stad bezet door de Arabische veroveraar Amr Ibn El Ass en werden veel gebouwen verwoest. Tegenwoordig is Port Said, een bisdom met veel kerken, een grote havenstad aan het Suezkanaal.

De Heilige Familie in het gebied ten oosten van de Delta:

De Heilige Familie in Ismailia

Na het oversteken van het Suezkanaal, ten zuiden van het meer Manzalah, volgde de Heilige Familie dezelfde weg die Abraham, Jacob en zijn zonen voorheen hadden afgelegd. Ze reisden in westelijke richting en kwamen vlakbij de stad die nu Ismailia wordt genoemd. Hier rustten uit onder een palmboom met dadels die hen schaduw gaf. Maria vroeg Jozef of hij wat rijpe dadels voor hen kon plukken. Jezus gaf de boom toen het bevel om te buigen en zijn vruchten af te staan aan zijn Moeder. De boom boog voorover tot aan Maria's voeten en ze plukten zoveel dadels als ze nodig hadden. Vervolgens gebood Jezus de boom weer rechtop te staan en het water onder de boom vrij te geven. Onmiddellijk gutste een stroom vers water uit de grond. Tegenwoordig wordt het gebied aan de oostzijde van Ismailia De Berg van Maria genoemd. Hier staat ook het gedenkteken van de onbekende soldaat. Tegenwoordig is Ismailia een van de drie moderne steden aan het Suezkanaal.

De Heilige Familie in Kassasin

Nadat de Heilige Familie door Wadi Tumilat getrokken was, kwam ze aan bij Heroopolis, dichtbij de plaats Abu

Sueir. Na een korte rustpauze gingen ze door naar Succoth, ook wel Tel el Maskhuta genoemd en tegenwoordig bekend als El-Kassasin. Succoth is het Hebreeuwse woord voor tent. Dit is het Bijbelse land van Goshen, waar Jozef zijn vader Jacob, zijn broers en hun familieleden zich gevestigd hadden. Tegenwoordig is het gebied de provincie Sharkia.

De Heilige Familie in Kantir

Na een kort verblijf in Succoth bereikten ze na 50 km Ramasses, nu bekend als Kantir. De Heilige Familie verbleef hier drie dagen en genoot van de gastvrijheid van de plaatselijke bevolking. Ramasses was de geliefde stad van Ramses II en veel van zijn opvolgers. Vlakbij deze stad heeft Mozes zijn wonderen verricht voor Meneptah, de farao van de Exodus.

De Heilige Familie in Saft El Henna

Van Ramasses reisde de Heilige Familie door naar Sopt, tegenwoordig bekend als Saft el Henna, waar ze de nacht doorbracht.

De Heilige Familie in Tel Basta

Nadat ze 38 km in westelijke richting hadden gelopen, kwam de Heilige Familie aan in Bubastis, nu Tel Basta geheten. Tel Basta ligt twee km ten zuiden van Zagaziq. Het Bubastis van de farao's wordt door de profeet Ezechiel Fi 'Beseth genoemd. Hier werd de kattengod, Bastit, vereerd. De tempel van Bubastis was de mooiste van het hele land. Volgens Herodotus, die Egypte in de vijfde eeuw voor Christus bezocht, kwamen hier jaarlijks meer dan 700.000 mensen de god Bastit vereren. De Heilige Familie rustte uit onder een boom en Maria ging naar een nabijgelegen bron om wat water te halen, maar de lokale bevolking weigerde om haar water te geven. Er wordt gezegd dat Jozef vervolgens op zoek ging naar water. Hij vond een bot van een ezel waarmee hij een 30 cm diep gat in de grond groef. Direct kwam er helder water uit de grond. Het bronwater werd door Jezus gezegend en kreeg daardoor genezende krachten. Volgens de Koptische traditie zullen ieder jaar zieke mensen genezen en gezegend worden, als ze het water uit deze bron tot zich nemen op de dag waarop deze gebeurtenis plaatsvond. Dit geldt overigens niet voor de inwoners van het dorp, omdat ze weigerden water aan Maria te geven toen ze het nodig had.

Een boer die Kloum heette, bood hen aan om bij hem te overnachten. Jezus genas zijn vrouw die ziek was. Kloum en zijn vrouw wilden de Heilige Familie graag langer in hun huis houden. De volgende ochtend liep Maria met het Kind Jezus in haar armen in het dorp langs de tempel van Bubastis met zijn grote granieten standbeelden. In de bijbel voorspelt de profeet Jesaja de invloed die het Heilige Kind op Egypte en de Egyptenaren zou hebben:

"Zie, gezeten op een snelle wolk komt de Heer naar Egypte: Egyptes afgoden beven voor Hem, Egyptes hart is verlamd van schrik". Jesaja 19: 1.

De enorme tempel van Bubastis en de standbeelden schudden op hun grondvesten en in slechts luttele seconden was er alleen nog maar een berg van granieten brokstukken over. Dit veroorzaakte angst en ontzetting onder de bevolking. Het nieuws van deze gebeurtenis werd alom verspreid en bereikte al snel de bevelhebber. Onderzoek toonde aan dat dit gebeurd was toen de buitenlandse vrouw met haar Kind in haar armen langs de deuren van de tempel was gelopen. Het was vrijwel zeker dat het hier om het Heilige Kind ging dat uit Palestina was gevlucht, en waarvoor gold dat koning Herodes alle bevelhebbers in Egypte had gevraagd het te arresteren. Soldaten kregen de opdracht om in elke hoek van de stad naar dat Kind te zoeken. Kloum en zijn vrouw vreesden voor het leven van Het Kind en zorgden ervoor dat de Heilige Familie in het donker kon vertrekken. Toen ze vertrokken zegende Jezus Kloum, zijn vrouw en de plaats. Hij zei tegen Maria: "in alle plaatsen waar wij verwelkomd zijn, zal een gedenkteken ter ere van jou worden opgericht. Gelovigen zullen zich daar verzamelen en met veel eerbied gaan bidden". Volgens de Koptische overlevering staat nu

op de plaats van het huis van Kloum de kerk van St. Joris in Zakaziq. Het is een prachtig nieuw gebouw dat
in plaats is gekomen van een oude kerk uit de 19de eeuw. De Koptische kerk viert het bezoek van de Heilige Familie aan Egypte op de achtste van de Koptische maand Bashans, die gelijk is aan 1 juni. Dit is de dag dat de Heilige Familie in Tel Basta aankwam.

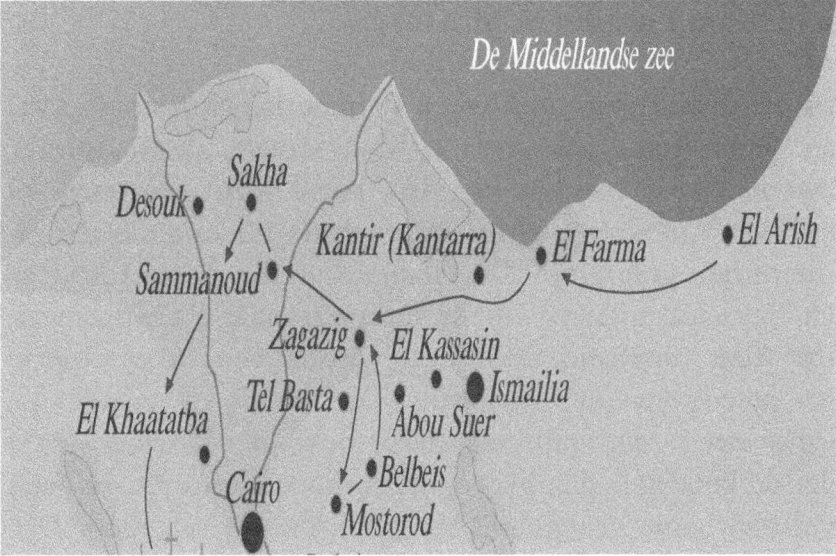

De Middellandse zee

Desouk

Sakha

Sammanoud

Kantir (Kantarra)

El Farma

El Arish

Zagazig

El Kassasin

Ismailia

El Khaatatba

Tel Basta

Abou Suer

Cairo

Belbeis

Mostorod

De Heilige Familie in Mostorud

Van Tel Basta ging de Heilige Familie tien km zuidwaarts naar Mostorud, ook wel Al-Mahammah, de badplaats, geheten. Maria baadde hier het Kind Jezus en waste er Zijn kleren, daarom wordt deze plaats nu nog steeds Al-Mahammah genoemd. De Heilige Familie passeerde deze plek opnieuw toen ze op de terugreis naar Palestina was. Deze keer ontstond door hun verblijf een bron waaruit nog steeds water stroomt. De bron is zowel bij Egyptenaren als buitenlanders bekend vanwege haar helende krachten. Jaarlijks komen duizenden mensen naar de bron om gezegend en genezen te worden. Al-Mahammah was een bisdom en staat nu bekend als Mostorud. In 1185 is er een kerk ter ere van de Maagd Maria gebouwd. Ook staat hier de kerk van St. Joris. Tijdens het vervolg van hun reis hoorde de Heilige Familie paarden achter hen galopperen. Een engel verscheen en zei tegen Jozef: "ga de tarwevelden in om de soldaten die eraan komen, te mijden." De twee meter hoge tarwestengels boden de familie en hun ezel een uitstekende schuilplaats zonder dat ze enig spoor achterlieten. De boeren die het wonder aanschouwden, waren stomverbaasd. Soldaten arriveerden en vroegen de boeren of ze een familie met kind en ezel hadden gezien. De boeren antwoordden dat niemand door deze velden kon lopen zonder de tarwe te verpletteren of sporen achter te laten.

De Heilige Familie in Belbeis

Van Mostorud reisde de Heilige Familie 40 km in noordoostelijke richting en kwam aan in de plaats Belbeis in de provincie El Sharkia. Oorspronkelijk heette de plaats Ber-Bes, hetgeen het Huis van de god Bes betekent. Toen de Heilige Familie, volgens de overlevering, onder een sycamoor boom uitrustte, liep er een begrafenisstoet voorbij met een moeder die huilde om de dood van haar zoon. Jezus stopte de begrafenisstoet en riep haar zoon weer tot leven. Vol eerbied stond iedereen om het Kind Jezus heen en probeerde zijn kleren aan te raken om gezegend te worden. De boom stond hierna bekend als de Boom van Maria. Veel pelgrims uit Egypte en het buitenland, zowel Christenen als Moslims, bezochten de plek om gezegend te worden. Er wordt verteld dat de soldaten van Napoleon probeerden de boom om te hakken om het hout te gebruiken voor het koken van voedsel. Maar na de eerste bijlinslag begon de boom te bloeden en werd onmiddelijk het bevel gegeven dat de boom niet aangeraakt mocht worden. De boom werd uiteindelijk verwijderd in 1850. De kleine moskee van Osman Ibn Haris El Ansary is ervoor in de plaats gekomen en bevindt zich nu in het centrum van de stad Belbeis.

De Heilige Familie in Miniet Sammanoud

De Heilige Familie vervolgde haar reis in noordwestelijke richting en bereikte Maniet Ganah, nu Miniet Sammanoud geheten. Ze staken de Nijl over en bereikten de kleine stad Sammanoud, vroeger bekend als Zabnther, hetgeen Allerheiligste of plaats van het Hoogaltaar betekent. De Koptische naam luidde Gamnouti. De bevolking verwelkomde de Heilige Familie toen die onder een boom rustte, en Jezus zegende de stad. In de 4e eeuw werd hier een kerk ter ere van de Heilige Maagd Maria gebouwd. Tot het jaar 910 hebben hier veel monniken geleefd. In de 13e eeuw werd er een nieuwe kerk gebouwd op de plek van de oude, ter ere van de Maagd Maria en de heilige St. Apanob El Bahnisy, wiens relikwieën nog steeds in de kerk aanwezig zijn. De huidige kerk, die uit de 19de eeuw stamt, bevat relikwieën van bijna 8000 martelaren. De Christenen van Sammanoud zeggen dat Jezus een bron aan de oostelijke kant van de kerk zegende. Het is bewezen dat deze grond gewijd was aan de Maagd Maria. Er is ook een grote granieten trog, waarop Maria brood gebakken zou hebben tijdens haar verblijf in Sammanoud. Tegenwoordig is het de gewoonte, om het water dat overgebleven is na een mis, hierin te plaatsen, zodat mensen het met zich mee kunnen nemen om gezegend te worden. Duizenden mensen komen elk jaar naar Sammanoud voor het feest van St. Apanob op 31 juli om het bezoek van de Heilige Familie te vieren.

De Heilige Familie in Sakha

De Heilige Familie bereikte na 40 km noordwaarts te hebben gereisd, het gebied van El Borolus, nu bekend als de provincies El Garbia en Kafr El Sheikh. Ze kwamen aan in een dorp in de provincie Kafr El Sheikh, tegenwoordig bekend als Sakha. De Heilige Familie is ongetwijfeld door veel plaatsen en steden in de provincies El Garbia en Kafr El Sheikh gereisd. Volgens de overlevering trokken ze ook door het woeste land van Belqas en de stad El Mahalla El Koubra. De Koptische naam van de stad was Pekha-Issous of Lysous, hetgeen 'de voet van Jezus' betekent, omdat volgens de Koptische overlevering Jezus hier op een rotsblok stond en zijn voetafdruk achterliet. Het rotsblok werd bewaard in het altaar van een kerk die in de 4^e eeuw werd gebouwd en bekend stond als Bekha Issous, de voetafdruk van Jezus. Toen de Arabieren het land in de 7e eeuw bezetten, werd de steen verborgen gehouden uit angst voor roof. Het rotsblok is slechts 30 jaar geleden weer tevoorschijn gehaald. In de 5e eeuw bevond zich op deze plek een klooster met meer dan 500 nonnen. Elk jaar wordt op 22 mei een groot festival gehouden. Veel pelgrims komen dan bijeen om de liturgie te vieren ter ere van Demiana en de veertig andere maagden die hier gedurende de 5e eeuw gemarteld werden.

De Heilige Familie in Wadi El Natroun

Vanuit Sakha stak de Heilige Familie de Rosetta-tak van de Nijl over naar de stad die nu bekend staat als Desouk, op de westelijke oever. Ze liepen langs de Nijl naar het zuidelijk gelegen Tarrana, op 15 km van de stad El Khattatba, in de westelijke woestijn van Egypte. Daar rustte ze uit onder een grote boom. Terrana ligt ongeveer 42 km van het klooster van de Heilige Macarius in Wadi El Natroun verwijderd en werd later het bisdom van Terenouti.

Wadi El Natroun betekent de zoutvallei, en tot op de dag van vandaag wordt hier nog zout gewonnen. Het stond vroeger bekend als Al Asqeet. Jezus zegende de vier uithoeken van de vallei en Hij noemde het de vallei van Shehiet, hetgeen evenwicht der harten betekent. Aan het begin van de eerste eeuw werd de woestijn de vestigingsplaats van kluizenaars en later van vele kloosters ter nagedachtenis van de reis van de Heilige Familie door deze vallei. Gedurende de bijna 2000 jaar oude geschiedenis van de Koptische kerk gingen de pauzen van Alexandrië vaak naar Wadi El Natroun om de Chrism olie te bereiden. Tijdens de 4e en 5e eeuw leefden hier ruim 50.000 monniken in meer dan 500 kloosters. De vallei was en is nog steeds de bakermat van het kloosterleven. Vandaag de dag zijn er nog vier kloosters volop in bedrijf met honderden monniken en diverse culturele en wetenschappelijke activiteiten. In het noordwesten bevindt zich het El Baramous klooster, waar de overleden paus Kyrolos de 6e een monnik was. De grot waar hij in woonde, is er nog steeds. In het zuiden bevindt zich het klooster van Anba Makarius, een belangrijk agrarisch centrum. In het midden van de vallei bevinden zich het Anba Bishoy en het El Sourian klooster.

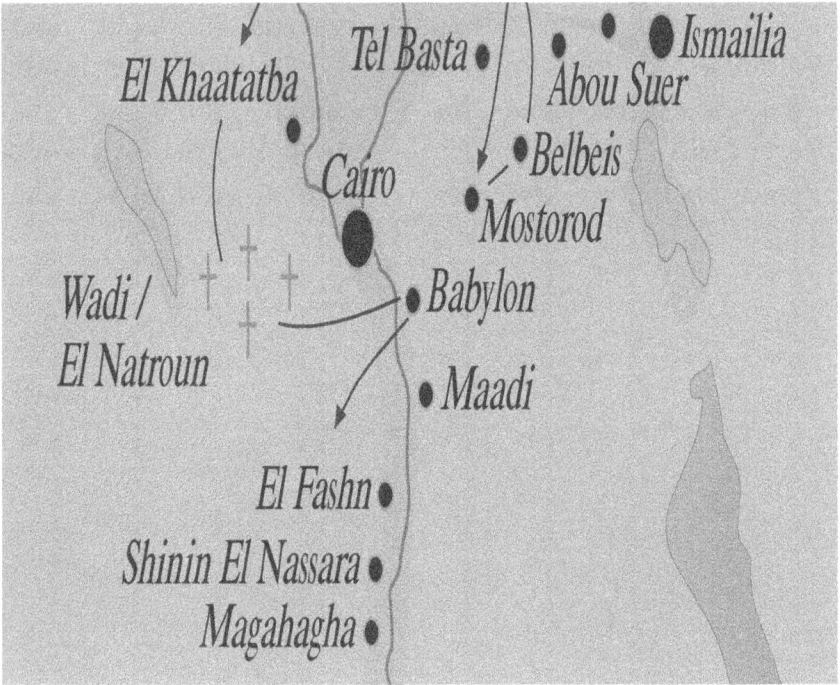

El Khaatatba
Tel Basta
Ismailia
Abou Suer
Cairo
Belbeis
Mostorod
Wadi /
El Natroun
Babylon
Maadi
El Fashn
Shinin El Nassara
Magahagha

De Heilige Familie in El Mataria en Ain Shams

De Heilige Familie vervolgde haar reis zuidwaarts. Omdat deze route zo moeilijk begaanbaar was, nam ze na 60 km een weg naar het oosten. Ze stak de Nijl weer over naar de oostoever en kwam aan bij een dorp dat vandaag de dag Delta Barrage heet. Ze vervolgde de reis in zuidelijke richting en kwam na 20 km aan in de oude stad On, oftewel Heliopolis. Hier bevond zich de oudste bekende universiteit uit de geschiedenis, vroeger bekend als Leontopolis en tegenwoordig als Mataria. Zowel Mataria als Ain Shams zijn momenteel buitenwijken van Cairo. On is een klein Joods dorp geworden met ongeveer 2000 inwoners die de Synagoge van Unais hebben opgericht. In Mataria hebben vijf wonderen plaatsgevonden. Volgens de overlevering opende de sycamoor boom waaronder de Heilige Familie rustte, zich op wonderbaarlijke wijze om Maria en het Heilige Kind in zich te verbergen voor soldaten die hen achtervolgden. De Maagd Maria ging met het Kind naar het nabijgelegen dorp om wat brood te halen, maar de mensen gaven dit niet. Tot op de dag van vandaag rijst in de hele straat waar ze zijn geweest geen deeg. Er staat een kerk ter ere van de Maagd Maria. Een ander wonder is dat het Heilige Kind aan Jozef vroeg om een putje naast een boom te graven, waar direct fris en helder water uit stroomde. Ook wordt gezegd dat enkele soldaten van het Franse leger, nadat ze het Turkse leger verslagen hadden, van hun oogziekten genazen toen ze zich met het water uit deze bron hadden gewassen. Uit dankbaarheid zouden ze hun namen en dankbetuigingen in de Boom van de Maagd Maria hebben gekerfd. De bron bestond tot het eind van 1940, toen is hij dichtgestopt. Er is nog hoop dat de bron opnieuw zal worden geopend.

In 1869 wilde de Khedive Ismail de eerbiedwaardige boom aan keizerin Eugenie van Frankrijk schenken, ter gelegenheid van de opening van het Suezkanaal. Zij had echter liever dat de boom op zijn oorspronkelijke plaats bleef. De boom viel om op 14 juni 1909 en een nieuwe boom werd uit de oude geplant. In de nabijgelegen Katholieke kerk bevindt zich een soortgelijke boom, die op hetzelfde tijdstip is geplant. Een ander wonder is, dat Jezus de wandelstok van Jozef nam en deze in kleine stukjes brak. Hij plantte deze stokjes en besproeide ze met water uit de bron. De stokjes schoten wortel, bloeiden op, en verspreidden een heerlijke geur.. Na verloop van tijd vermenigvuldigden de bloeiende bomen zich en werd hieruit balsem gewonnen. Deze bomen groeiden eerst in Jericho, in het Heilige Land, en de balsem werd voor de zalving van profeten en koningen gebruikt. Ook gebruikte men de balsem voor het zegenen van de voorwerpen van het altaar in de tijd van het Koninkrijk Israël. Aan deze balsem werd Chrism olie onttrokken waarmee mensen na de doop werden gezalfd om de Heilige Geest te ontvangen. De Chrism olie werd ook gebruikt voor de zalving van zieken, altaren en iconen. De laatste balsemboom in Mataria werd in 1612 voor het laatst door reizigers gezien en stierf in 1615. Nu is er een straat die Balsemstraat genoemd wordt. Een andere straat heet de Bron van Mariastraat.

De Heilige Familie in El Zeitoun

Op weg naar het Babylon van Oud-Cairo kwam de Heilige Familie door een gebied dat nu bekend staat als El Zeitoun, wat 'de olijf' betekent. In de straat van Toman Bey werd in 1924 de kerk van de Maagd Maria onder supervisie van de Italiaanse architect Leomingelli. De kerk werd in 1925 ingewijd door Anba Athanasious, bisschop van Beni Sweif. Er wordt gezegd dat de Maagd Maria aan Khalil Pasha verscheen en hem verzocht een kerk in haar naam op deze plek te bouwen. Ze beloofde dat zij na 50 jaar zou verschijnen, hetgeen is vervuld, toen ze op 2 april 1968 verscheen. En bijna dagelijks en voor drie jaar lang zijn er diverse verschijningen waargenomen. En tot op heden vinden er wonderen plaats.

Op dinsdag 2 april 1968, twee uur na zonsondergang, werden technici en chauffeurs van het openbaar vervoersbedrijf gewaarschuwd door rumoer op straat. Zij zagen een jonge vrouw in wit gekleed op de kerktoren. Ze dachten dat zij naar beneden wilde springen en riepen: wees voorzichtig, u kunt vallen, wacht! Omdat de toren de vorm van een ronde koepel had, kon geen mens hierop lopen. Enkelen van de voetgangers die naar het gebeuren keken, riepen: de Maagd Maria, de Maagd Maria! De medewerkers van het openbaar vervoersbedrijf die naar de verschijning keken, waren allen Moslim. De Heilige Maagd verscheen met een verlicht lichaam dat over de kerktoren liep en zich boog en knielde voor het kruis. De verschijningen zijn door vele duizenden burgers en buitenlanders van uiteenlopende geloofsovertuigingen waargenomen, evenals door wetenschappers, zoals is vastgelegd door de pauselijke delegatie van Anba Kyrillos, de 6e paus van Alexandrië. Soms verscheen de Maagd alleen met haar bovenlichaam en soms met haar volledige lichaam, terwijl ze tussen en over de koepels van de kerk bewoog. Ze boog zich naar de menigte toeschouwers voor de kerk toe en zegende hen. Op sommige nachten leek ze te bidden. Ze knielde voor het kruis van de kerk en de koepel. Soms werd ze vergezeld of voorafgegaan door hemelse wezens in de vorm van duiven die zich met grote snelheid voortbewogen. Soms werd ze met een olijftak in haar hand gezien. Vaak duurden de verschijningen vrij lang, op 30 april 1968 bijvoorbeeld duurde de verschijning twee uur.

De Heilige Familie in Haret Zeweila

Toen de Heilige Familie uit Heliopolis vertrok, kwamen ze door het gebied waar nu de kerk van de Maagd Maria staat in Haret Zeweila. Hier brachten ze een nacht door in een herberg die in de vierde eeuw een kerk werd. De kerk was gedurende ruim drie eeuwen het bisdom voor de paus van

Alexandrië, namelijk van 1310 tot 1660. Deze plaats is het langst hoofdkwartier van de Koptische kerk geweest sinds het vertrek uit Alexandrië. Het gebied van Haret Zeweila staat vol met kerken, zoals de kerk van St. George en de kerk die gebouwd werd door Ibrahim El Gohary ter ere van Markorius Abou Seifeen. Er zijn ook twee kloosters, een ter ere van de Maagd Maria en de andere ter ere van St. Joris.

De Heilige Familie vulde hun kruik met water uit de bron die zich nog steeds in de kerk bevindt. Dit water wordt als heilig beschouwd. De Ethiopische kerk vierde hier vroeger de consecratie, waarbij men het heilige water uit de bron droeg. Er is ook een icoon uit de 13e eeuw die vanwege de samenstelling als uniek wordt ervaren. Hierop worden de Boom van het Leven uit Yesse, koning David's vader en de Maagd Maria die het Kind Jezus draagt in het midden afgebeeld, evenals 16 portretten van profeten die elk hun boek met de profetie van de komst van Jezus bij zich dragen. Er is ook een kleine bibliotheek met unieke, oude manuscripten.

De Heilige Familie in oud Cairo (Babylon)

Babylon wordt als één van de belangrijkste bezoekplaatsen van de Heilige Familie beschouwd. Ze stopten hier bij de herberg Kasr El Shame, binnen het Romeinse fort van Babylon. Hier was een grot waarin de Heilige Familie verbleef. Boven de grot staat de kleine kerk van Abu Serga (St. Sergius) die geen ramen heeft. De Heilige Familie verbleef enkele dagen in deze grot en Jezus zegende de plaats zodat er altijd helende krachten zouden uitgaan naar degenen die Jezus verzochten in naam van zijn moeder Maria. De eerste kerk werd in de Apostolische periode in de eerste eeuw gebouwd. Deze werd later vernieuwd door Ebn El Sourour Johanna Ebn Yousef, ook wel Ebn El Abah genoemd die de geheime bode en minister was van Kalieve El Mostanser El Fatimy in 789. Door de eeuwen heen zijn veel toeristen naar de kerk van Abu Sergan en de onderliggende verblijfplaats van de Heilige Familie gekomen om gezegend te worden. Het verblijf van de Heilige Familie duurde echter niet lang. De gouverneur was naar de Heilige Familie op zoek nadat standbeelden van diverse goden na hun komst spontaan instortten.

Het hele gebied van oud Babylon werd gezegend en veel andere kerken werden gebouwd sinds het bezoek van de Heilige Familie. Zo zijn er de Al Muallaqa (de hangende kerk), die opgedragen is aan de Maagd Maria, en het patriarchale bisdom van de Koptische kerk in vroeger eeuwen was. De kerk is op de twee torens van een oud fort gebouwd door de Romeinse keizer Trajan in het jaar 98 AD. De trappen zijn op de derde middelste toren geplaatst en de kerk wordt beschouwd als een van de eerste kerken waar de eucharistie plaatsvond. De kerk van St. Barbara ten oosten van het fort van Babylon ziet er net zo uit als de kerk van Abu Serga. Deze is in de 5e eeuw gebouwd en ook vernieuwd in de 8e eeuw. De kerk van St. Joris werd in 684 gebouwd door een welvarende Kopt, genaamd Athanasius. De kerk werd vernield en een nieuwe kerk in basiliek stijl kwam ervoor in de plaats.

De kerk van de Maagd staat bekend als Qasriet Al-Rihan, omdat mensen de Maagd Maria symboliseerden met een pot welriekend basilicum. De oude kerk werd verbrand, een nieuwe kerk werd ernaast gebouwd.
Het klooster van St. Joris dateert uit de eerste eeuw en bestaat uit veel oude monumenten.
Het Koptisch Museum is in het fort aan de westzijde gebouwd. De Grieks Orthodoxe kerk van St. Joris staat op een toren. Vroeger liep de Nijl onder het fort door dat zijn eigen haven had. De Joodse Synagoge van Ben Ezra bevindt zich temidden van de Koptische kerken, naast de kerk van St. Barbara en achter de kerk van Abu Serga. Oorspronkelijk was dit een Koptische kerk die verbonden was met de Hangende kerk en bekend stond als de St. Michael kerk. Helaas moest Paus Michael de 3e, die gedurende 35 jaar de 56^e paus was in 869 de kerk verkopen aan de Joden om de belastingen te kunnen betalen die hem en de Koptische kerk waren opgelegd door wali Ahmad Ibn Tolone.
Het Fostat gedeelte van oud Cairo, dat ten westen van de Moskee Amr Ibn El Aas ligt, had volgens geschiedkundigen veel kerken en kloosters, maar deze zijn

allemaal te gronde gericht. Nu staan er nog vier kerken en een klooster voor nonnen. Hoewel de Heilige Familie slechts korte tijd in Cairo verbleef, is de invloed van hun bezoek enorm geweest.

De kerk van St. Mercurios Abu Sefein (Hij van de twee Zwaarden) dateert uit de 6e eeuw. In de grot van deze kerk leefde de heilige Anba Barsoum El Erian (Barsoum de naakte) gedurende 25 jaar.

De kerk van Abba Shenouda werd eind vijfde eeuw, begin 6e eeuw gebouwd.

De kerk van de Maagd Maria werd in de 7^e eeuw gebouwd. Deze wordt nu Al Demshiria genoemd, omdat een gouverneur van het dorp Demshir in de provincie El Menia de kerk heeft gerenoveerd in de 12e eeuw.

Het wordt gezegd dat de Heilige Familie in het klooster van Abu Sefein uitrustte. Er is een kleine kerk gewijd aan de Maagd Maria die hier menigmaal verschenen is. Een andere aanwezige kerk is opgedragen aan St. Demyana. Ten zuiden van het fort van Babylon bevindt zich een aantal Koptische kerken binnen twee aan elkaar grenzende kloosters. De kerk van de Maagd van Babylon, El Darag, werd waarschijnlijk gebruikt als monnikenverblijfplaats. De laatste paus Kyrolus de 6e heeft hier een tijd gewoond. De kerk van de heiligen Abakir en Yohanna, die werden gedood tijdens de Romeinse vervolgingen, herdenkt jaarlijks de dag van hun martelaarschap op 20 juni. De kerk werd vernieuwd in 1986. Paus Kyrolus heeft hier ook gewoond.

De kerk van Prins Tadros Al Mishriqi is een van de oudste en meest bekende kerken in het gebied. De kerk van de Aartsengel Michael (ook wel Al Malak Al-Qibli of Zuidelijke Engel genoemd) ligt een km van de oorspronkelijke kerk verwijderd. De kerk van St. Mena in Zahraa-Misr El Kadima werd door Paus Kyrolos de 6de gebouwd en wordt beschouwd als de laatste Koptische kerk in oud Babylon.

De Heilige Familie in El Maady

De Heilige Familie ging van Babylon per boot naar het zuiden, waar nu El Maady, een buitenwijk van Cairo ligt. Maady was destijds een buitenwijk van Memphis, de hoofdstad van Egypte. Hier staat de prachtige historische kerk van de Maagd, bekend als El Adaweya (de Maagdelijke kerk van het veer). De naam van de buitenwijk El Maady stamt af van het Arabische woord dat 'de oversteek' betekent. Op dit punt stak de Heilige Familie de Nijl over en vervolgde haar reis naar het zuiden van Egypte.

De stenen trappen die naar de rivieroever leiden, zouden door de Heilige Familie zijn betreden en kunnen bereikt worden via de binnenplaats van de kerk. Jaarlijks organiseert de Priester van de kerk op 1 juni een grote viering op deze trappen en maakt hij een korte boottocht om de vlucht van de Heilige Familie te gedenken. Een gebeurtenis van wonderbaarlijk belang vond plaats op vrijdag de 3^e van de Koptische maand Baramhat, hetgeen 12 maart 1979 is. Een heilige Bijbel dreef op het water van de Nijl naar de oever onder de kerk en kwam naast de oude trappen terecht. De Bijbel lag open op Jesajah 19: 25 waar stond: "Gezegend zij Egypte, mijn volk". Het was alsof de doortocht van de Heilige Familie op deze plaats hiermee bevestigd werd. De Bijbel kan bezichtigd worden in de kerk.

De Heilige Familie in Upper Egypt

Op de boot waarmee de Heilige Familie naar het zuiden van Egypte reisde, brak brand uit. De vlammen dreigden zich over de hele boot te verspreiden. Terwijl de matrozen aan de kant probeerden te komen, vroeg het Heilige Kind hen te kalmeren. Hij strekte zijn hand uit en het vuur was onmiddellijk gedoofd. Compleet verbaasd knielden de matrozen voor Jezus. Tegen zonsondergang kwamen ze aan bij de Griekse stad Ankyronpolis (nabij de huidige stad El Fashn). De matrozen wilden de Heilige Familie bij zich te houden, maar de Heilige Familie stond erop dat de boot hier aan zou leggen. De matrozen rekenden geen vervoerskosten en lieten de Heilige Familie gaan.

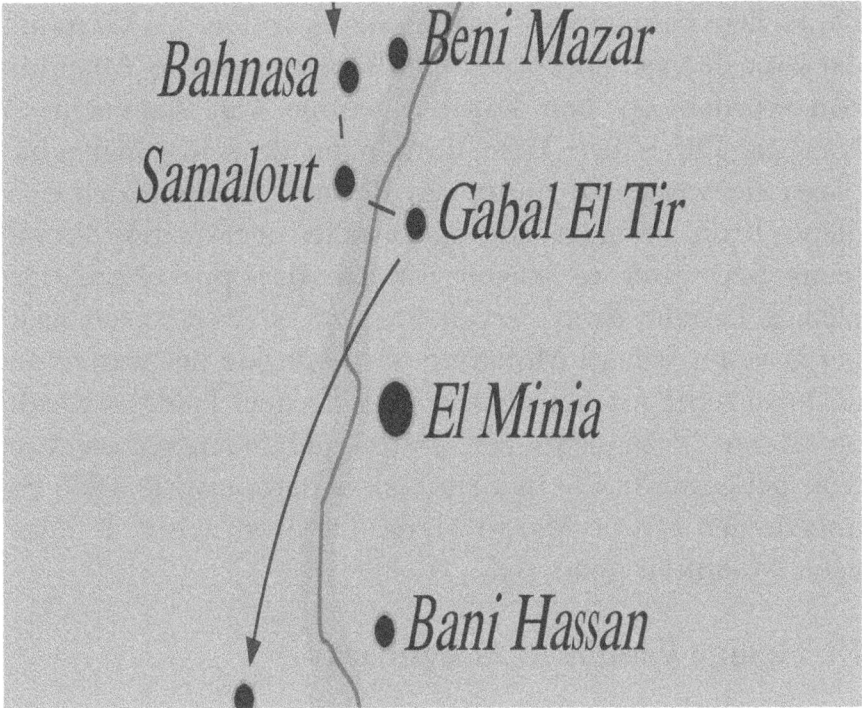

43

De Heilige Familie in het Klooster van Al Garnous

De Heilige Familie kwam aan in het dorp Deir Al Garnous dat later de vestigingsplaats van het klooster van Alrganos zou worden op tien km ten westen van Eshenein el Nassara. Dit is een klein dorp nabij de stad Maghagha. Naast de westelijke muur van de kerk bevindt zich een diepe bron. Volgens de Koptische overlevering beval Jezus het water te stijgen tot aan de oppervlakte. De Heilige Familie dronk ervan toen ze op weg waren naar het klooster van El Moharraq. Later daalde het water van de bron weer tot het oorspronkelijke peil. Jaarlijks wordt op 21 en 22 augustus een liturgie gehouden ter ere van deze gebeurtenis. De huidige kerk is herbouwd in 1870 en opgedragen aan de Maagd Maria. De bron wordt de bron van El Garnous genoemd.

De Heilige Familie in Al Bahnasa

Vervolgens kwam de Heilige Familie aan in een plaats die later bekend werd als Abai Issous 'Het huis van Jezus'. Tegenwoordig is dit het dorp Al Sandafa, dat 17 km ten westen van Beni Mazar, de beroemde stad van Oxyrhynchus ligt en ten oosten van Al Bahnasa, dat ook wel Apanius of Per Mez genoemd werd. Dit betekent het huis van de god Mizda, de Visgod die daar aanboden werd. Volgens geschiedkundigen en bisschop Kyriakos van Bahnasa, wiens geschriften op papyrusrollen staan, rustte de Heilige Familie vier dagen uit in het gebied ten oosten van Al Bahnasa. De geschiedkundige El Makrizi vermeldt in de 15de eeuw dat het dorp Al Bahnasa en het omliggende gebied een bisdom was met 360 kerken en 30.000 monniken en nonnen. Opgravingen door Grenfell leverden grote hoeveelheden Koptische papyri op. In 1922 werden de resten van Romeinse gebouwen, een grote arena en oude begraafplaatsen voor Christelijke monniken ontdekt.

De Heilige Familie in Gabal El Tair (ten oosten van Samalout)

De Heilige Familie reisde verder naar het zuiden van Egypte, stak de Nijl over naar de oostoever ten oosten van Samalout en rustte uit in een grot. In die grot bevindt zich een oude kerk. Het Klooster van de Maagd staat op de berg Gabal El Tair (Vogelberg). Deze berg wordt zo genoemd omdat hier jaarlijks duizenden vogels komen. Gabal El Tair wordt ook wel Gabal El-Kaf (Palmberg) genoemd. Volgens de Koptische overlevering rustte de Heilige Familie uit in de schaduw van de berg. Jezus strekte zijn kleine hand uit om een rotsblok tegen te houden dat op de Heilige Familie dreigde te vallen. Zijn handafdruk verscheen vervolgens op het rotsblok. In 330 AD werd de kerk Vrouw van de Palm in opdracht van Keizerin Helena, moeder van Constantijn de Grote, ter ere van de Maagd Maria gebouwd. De kerk met haar schip en

12 kolommen is uit de rotsen van de berg gehouwen. In de 5^e eeuw werd een tweede kerk gebouwd. In de 13^e eeuw werden 166 trappen in de rotswand gemaakt die van de ondergelegen vallei naar de kerk leiden. Almeric, die tussen 1162 – 1172 Koning van Jeruzalem was, bezocht de plaats in 1168 en sneed het stuk steen met de handafdruk van Jezus uit het rotsblok en nam dit mee naar Syrië. Het klooster wordt ook wel het Klooster van het Wiel genoemd, omdat het,vanwege haar ligging, alleen via een boot over Nijl bereikt kon worden. De passagiers werden vervolgens via een katrol in een houten kist omhoog gehesen naar het klooster. Op dit moment bestaat er een weg ten oosten van de Nijl die naar het klooster leidt.

De boom der aanbidding: de boom van El Abed

Twee km ten zuiden van Gabal El-Tair stond bij het pad een laurierboom. Dit pad loopt parallel aan de Nijl, van de berg naar Nazlet Ebeid en de nieuwe Minia brug. Toen de Heilige Familie langs de boom liep, boog deze zich voorover uit eerbied voor Jezus. De boom ziet er inderdaad uniek uit, al haar takken vol groene bladeren buigen naar beneden, kruipen over de grond en lopen vervolgens weer omhoog. Daarom wordt deze boom de Aanbidder genoemd.

De Heilige Familie in de stad El Ashmounein – Malawy

Toen de Heilige Familie Gabel El Tair verliet, staken ze nogmaals de Nijl over naar de westoever en reisden ze zuidwaarts naar Bani Hasan, waar ze langs beroemde tomben kwamen. Tegenover het dorp Roda stapten ze uit de boot en vervolgden de reis over land naar de beroemde stad El Ashmounein. Deze stad stond ook bekend onder de Griekse naam Hermopolis Magna en de Koptische naam Ishmien, dat acht betekent. Ze verbleven hier niet lang omdat het standbeeld van Toth, de god van het geschrift en de leer, in vele stukken neerviel alsof het met een hamer was ingeslagen. Het nieuws van deze gebeurtenis verspreidde zich snel in het hele gebied. De inwoners en priesters kwamen bijeen om een verklaring te vinden voor deze vreemde gebeurtenis. Onderzoek wees uit dat het standbeeld was ingestort toen het Kind aankwam en men achtte hem verantwoordelijk voor deze catastrofe. De Heilige Familie wist te ontsnappen en kwam aan in een plaats die nu het Klooster van St. Jan, Deir Abu Hennis genoemd wordt. Ze werden vriendelijk ontvangen en verbleven hier een dag. In het klooster bevindt zich een kapel, waarvan gezegd wordt dat deze dateert uit de tijd van keizerin Helena. Er zijn muurschilderingen van Heiligen en taferelen uit de Nieuwe Testamenten te bezichtigen. El Ashmounein is nog steeds bekend om haar, uit alle tijdperken afkomstige, historische monumenten. De stad kent belangrijke historische figuren, waaronder de Bisschop Sawiris (Severus) Ebn El Moqaffaa, die meer dan 32 jaar bisschop van El Ashmounein is geweest. Deze bischop heeft het boek De Geschiedenis van de Koptische Kerk van Alexandria geschreven. Dit boek beschrijft de geschiedenis van de eerste 55 Koptische pauzen. Dit beslaat een periode van achtenhalf eeuw.

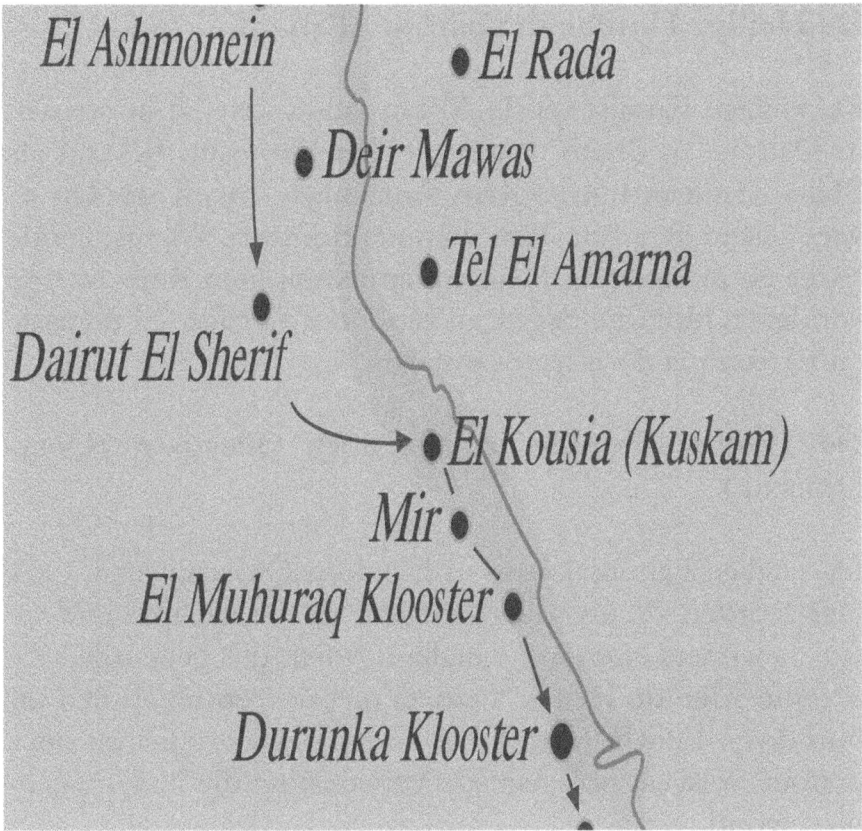

De Heilige Familie in Dairout Al Sharif

De Heilige Familie reisde 20 km zuidwaarts en kwam aan in Dairout Al Sharif, onder de Griekse naam bekend als Philes. Tijdens hun verblijf van enkele dagen werden er veel zieken genezen. Een man uit Palestina, Dianis, kende Jozef en nodigde de Heilige Familie bij hem thuis uit. Ze verbleven hier drie dagen en reisden via Dalga, El Koussie en El Saraqna door naar Qussqam.

De Heilige Familie in het dorp Qussqam (Qost-Qoussia)

De Heilige Familie kwam in het dorp Qussqam aan. Ook hier stortten de standbeelden van de plaatselijke god in. De bewoners werden woedend toen dit gebeurde. Ze accepteerden de Heilige Familie niet en verdreven hen uit hun dorp. Een historisch beschreven gebeurtenis uit deze periode verwijst ook naar de verwoesting die in Qussqam plaatsvond.

De Heilige Familie in Mier

Na Qussqam ging de Heilige Familie naar het dorpje Mira, nu bekend als Mier, zeven km ten westen van El Qossia. Hier werden ze vriendelijk ontvangen door de bewoners. Het Kind Jezus zegende hen zodat ze altijd welvarend zouden blijven. En ook hedendaags is de landbouwoogst nog veel groter dan in de omliggende dorpen.

De Heilige Familie bij de berg Qussqam

Van Mier reisde de Heilige Familie naar de berg Qussqam, hun belangrijkste verblijfplaats in Egypte. De plaats waar 'een altaar naar de Heer midden in het land Egypte' zou zijn.

"Op die dag verheft zich in Egypte voor Jahwe een altaar midden in het land, en aan de grens een zuil, als teken en getuigenis voor Jahwe van de legerscharen in Egypte."
Jesaja 19: 19-20.

Volgens de Koptische overlevering is het altaar dat hier genoemd wordt het altaar in de Kerk van de Maagd Maria in het klooster van Al-Muharraq. De Heilige Familie verbleef hier gedurende zes maanden en tien dagen. Het altaar was het stenen bed waar het Kind Jezus op sliep gedurende die tijd. De Heilige Familie verbleef voornamelijk in een grot die later, in de Koptische periode, het altaar van de Kerk van de Maagd Maria werd. Deze kerk is gebouwd aan het westeinde van het kloostercomplex. De kerk werd rond 70 AD gebouwd en vernieuwd in de 12e eeuw.

Het klooster van Al Muharraq staat geografisch gezien inderdaad in het centrum van het land Egypte. De verklaring van de pilaar op de grens van het altaar kan gevonden worden in het feit dat het patriarchale bisdom van de Apostolische Kerk in Egypte door St. Mark zelf gevestigd werd in Alexandrië, bij Egypte's noordelijke grens. De naam van de berg Qussqam stamt af van het dorp Qussqam dat twaalf km ten westen van Qossia, en 327 km ten zuiden van Cairo lag. Het klooster van Al Muharraq dat tegen de westelijke voetheuvel van de berg ligt, werd om het gebied waar de Heilige Familie verbleef heen gebouwd. De bijzondere oude kerk in het Al Mouharraq klooster wordt als de enige kerk in Egypte, en zelfs in de hele wereld, beschouwd die gezegend werd door Jezus Christus zelf. Hij zou alle hoeken besprenkelde hebben met gezegend water. Volgens het verhaal dat de Maagd Maria aan Paus Theophilus vertelde, gebeurde dit na de verrijzenis. Jezus verscheen aan Haar, samen met enkele discipelen, Salome en Maria Magdalena en vergezeld door de aartsengelen Michael aan zijn rechterkant en Gabriël aan zijn linkerkant. Jezus zei: Vrede zij met U. Ze knielden en Hij richtte zich tot zijn Moeder om haar te sterken en te troosten voor alle moeilijkheden die zij doormaakte. Jezus zei dat hij zelf de onbewoonde wildernis waar de Heilige Familie een tijd geleefd had, zou zegenen. Een wolk van licht droeg hen allen naar de grot waar de Heilige Familie gewoond had. Jezus richtte het altaar op in het midden van de grot uit dezelfde steen waar

Hij als kind op gezeten had. De Aartsengelen Michael en Gabriël hielden de pot met water vast dat door Jezus was gezegend. Telkens als Jezus water uit zijn handen sprenkelde, zei Hij: de handen die Adam en zijn kinderen geschapen hebben en die aan het kruis genageld zijn, zegenen en zalven dit prachtige huis. Dit gebeurde op het derde uur van de dag, hetgeen 09.00 uur in ochtend is.

Jaarlijks wordt op 18 juni in en om het klooster een groot feest gehouden om het verblijf van de Heilige Familie in Qussqam te gedenken. Ook wordt jaarlijks op 15 november (dat is de 6e van de Koptische maand Hatour) de zalving van het altaar en de kerk in het klooster, door de Koptische kerk herdacht. De Heilige Familie werd door de lokale bevolking bemind en het Heilige Kind verrichtte veel wonderen voor degenen die in hem geloofden. Het hele gebied is zo heilig dat de Kopten van Egypte het een 2e Bethlehem noemden.

Waar het klooster van Al Muharraq staat, verscheen een Engel van de Heer aan Jozef in een droom en zei: "Sta op, neem het jonge Kind en zijn Moeder mee en ga naar het land Israël, want degenen die Het Kind van zijn leven wilden beroven, zijn dood". (Matteüs 2: 20-21).

De terugkeer van de Heilige Familie: de berg Dronka

Nadat Jozef de boodschap van de Engel had ontvangen om terug te keren naar Israël, bereidde de Heilige Familie zich voor op de terugreis. Dit tot groot verdriet van de bewoners van Qusqam. De weg terug verschilde in geringe mate van de heenreis. Ze reisden naar het zuiden, naar de berg Dronka die acht km ten westen van Assiut ligt. Hun zegening van deze plaats werd herdacht door de bouw van het klooster van Dronka boven op de berg. In het klooster bevindt zich een historische grot, waar de Heilige Familie verbleef. Onder het klooster is de Engelkerk met drie altaren en twaalf koepels gebouwd, die vanaf de 14e eeuw in geschiedenisboeken wordt genoemd. Jaarlijks komen in augustus tijdens de vastenperiode voor Maria duizenden pelgrims hiernaartoe om gezegend te worden. De Heilige Familie reisde verder naar oud Cairo, ging vervolgens naar Mataria en Mahamma en volgde nagenoeg de dezelfde route van de heenreis, door de Sinai terug naar Palestina. Uiteindelijk kwamen ze aan bij het oude huis van Jozef aan in het stadje Nazareth in Galilea.

Op de 24^e van de Koptische maand Bashans, die gelijk is aan 1 juni, viert de Koptische Kerk de komst van de Heer Jezus Christus in het land Egypte. In de kerken die over de hele lengte en breedte van het land onderdak gaven aan de Heilige Familie weerklinken de volgende woorden van de Koptische Doxologie:

"Verheug u, Egypte;
mensen van Egypte
en al uw kinderen die binnen de grenzen
van Egypte wonen,
verheug u en laat uw hart oplichten
voor de grote liefhebber van de mensheid,
Hij die voor het begin der tijden is geweest,
is tot u gekomen".

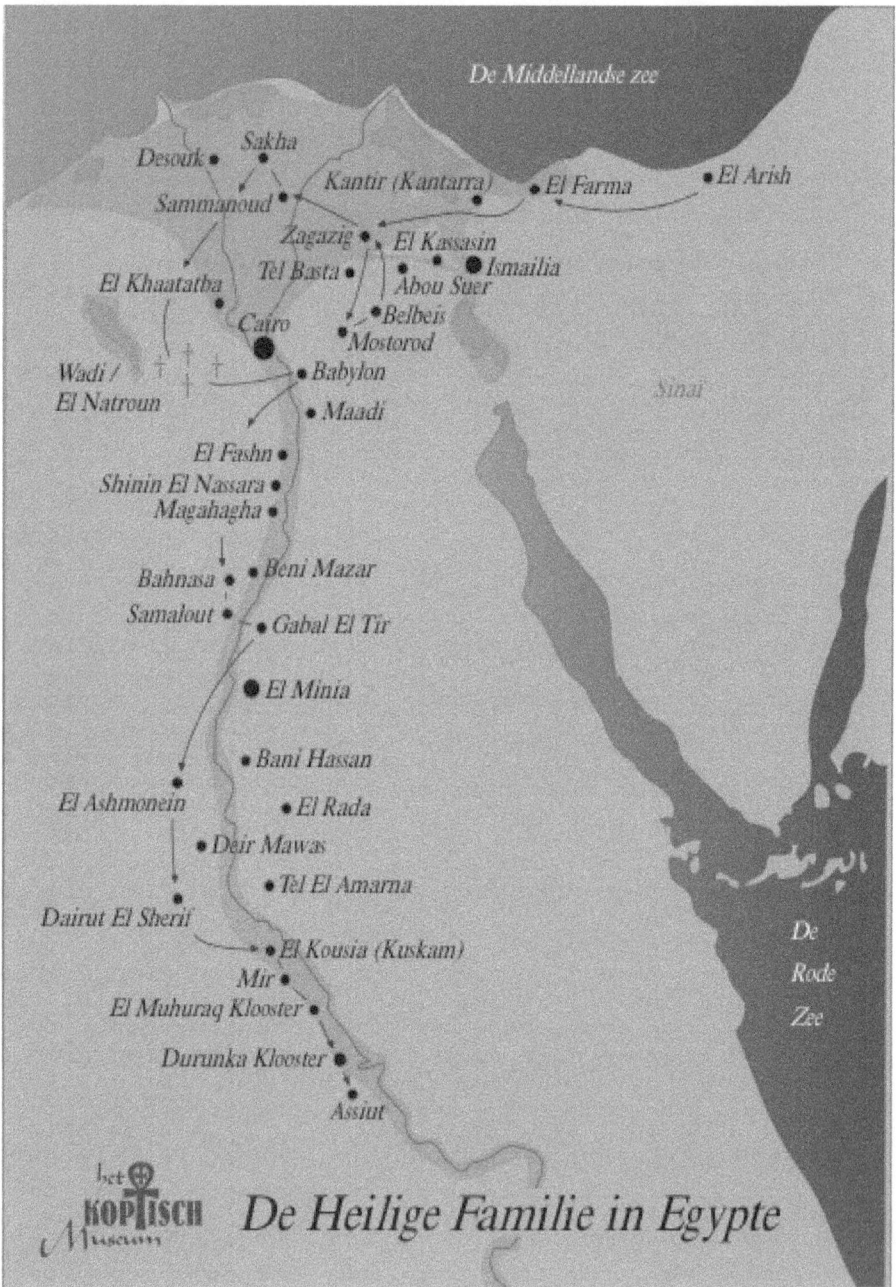

De Middellandse zee

Desouk •   Sakha

Sammanoud •   Kantir (Kantarra)   • El Farma   • El Arish

Zagazig •   • El Kassasin

El Khaatatba   Tel Basta •   • Ismailia

Abou Suer

• Belbeis

Cairo •

• Mostorod

Wadi /

El Natroun   • Babylon

• Maadi

Sinai

El Fashn •

Shinin El Nassara •

Magahagha •

Bahnasa •   • Beni Mazar

Samalout •   • Gabal El Tir

• El Minia

• Bani Hassan

El Ashmonein   • El Rada

• Deir Mawas

Dairut El Sherif   • Tel El Amarna

• El Kousia (Kuskam)

Mir •

El Muhuraq Klooster •

Durunka Klooster •

Assiut

De Rode Zee

De Heilige Familie in Egypte

www.ingramcontent.com/pod-product-compliance
Lightning Source LLC
Chambersburg PA
CBHW022041090426
42741CB00007B/1155